42가지 마음의 색깔

레드스톤

"하루에 한 쪽씩, 두 달. 온 가족이 함께 책을 읽고
놀라운 일이 일어났다. 아이들이 이런저런 감정을 느낄 때마다
용기 있게 표현하기 시작했다!"
_소피아

"우리 아이는 매일 밤 손가락으로 그림을 콕콕 찍으며 내게 묻는다.
'이건? 이건?' 이 책은 감정에 대한 이야기들을 끌어낸다."
_나탈리아

"두 살 반밖에 되지 않은 우리 막내도,
놀랍도록 훌륭한 그림과 동물들에게 어떤 일들이 생겼는지
설명하는 글을 사랑한다."
_바네사

이 책을 읽는 아이들에게

포근함에서 사랑으로, 사랑에서 미움으로. 우리는 서로 닮았거나 반대되거나, 자주 함께 느껴지는 감정들을 가까이 엮어 이 책을 만들었어. 하지만 네가 가장 좋아하는 감정에서 시작해서 마음껏 다른 단어로 뛰어다녀도 돼. 그리고 느낀 대로 말해 봐!

차례

42가지 마음의 색깔

글 크리스티나 누녜스 페레이라, 라파엘 R. 발카르셀

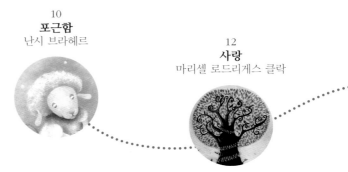

10 포근함
난시 브라헤르

12 사랑
마리셀 로드리게스 클락

36 뉘우침
비르히니아 피뇬

34 후회
페데리코 콤비

32 측은함
난시 브라헤르

38 부끄러움
넬라 가티카

40 불안
비르히니아 피뇬

42 소심함
알레한드라 카라게오르규

44 당황
아드리아나 케셀만

46 두려움
파트리시아 피티

48 놀람
알레한드라 카라게오르규

50 역겨움
하비에르 곤살레스 부르고스

76 실망
하비에르 곤살레스 부르고스

74 포기
가브리엘라 티에리

72 신남
아니타 모라

70 열정
파올라 데 가우디오

78 좌절
페데리코 콤비

80 감탄
마리아 라베치

82 샘
신티아 오렌스찬

84 바람
루시아나 페이토

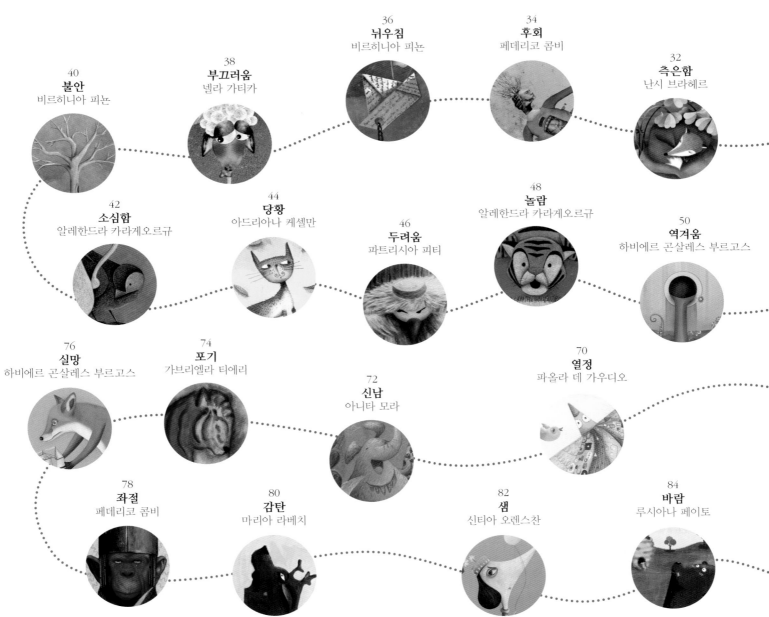

14
미움
넬라 가티카

16
화
로미나 비아소니

18
짜증
신티아 오렌스찬

20
긴장
케키 운 푼티토

22
안심
넬라 가티카

30
슬픔
하비에르 곤살레스 부르고스

28
기쁨
벨라 오비에도

26
행복
토피

24
차분함
가브리엘라 티에리

52
반감
루시아나 페이토

54
너그러움
호세피나 울프

56
몰이해
페데리코 콤비

58
외로움
하비에르 곤살레스 부르고스

60
고독
하스민 바렐라

68
희망
벨라 오비에도

66
따분함
넬라 가티카

64
우울함
페데리코 콤비

62
그리움
엘리스삼부라

86
만족
토피

88
자랑
케키 운 푼티토

90
즐거움
루시아나 페이토

92
감사
난시 브라헤르

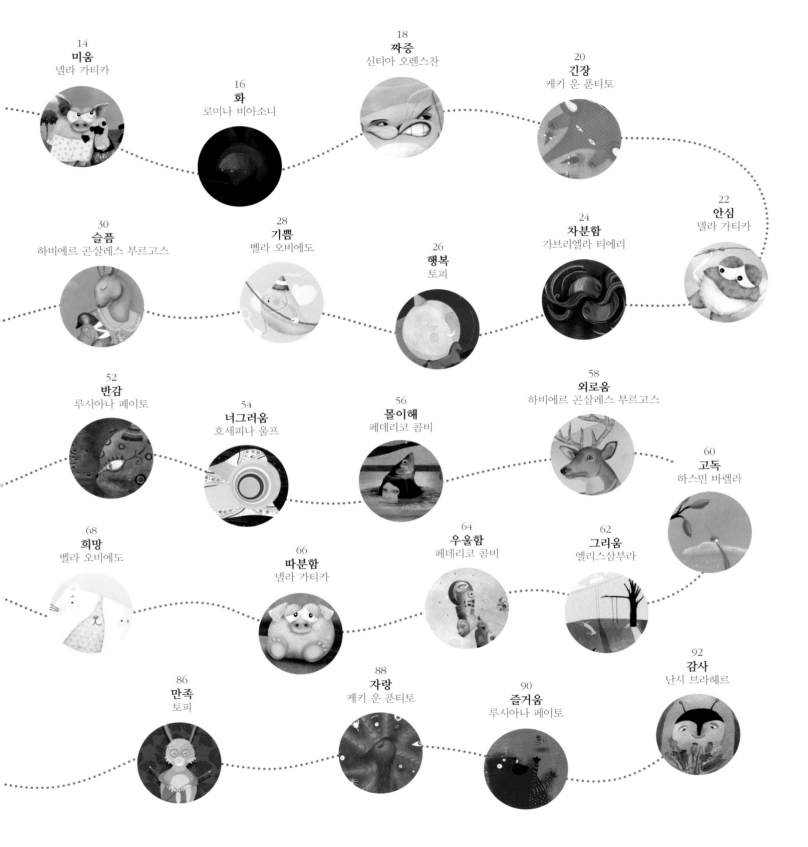

이 책을 읽는 어른들에게

로사 코야도 카라스코사

(심리학자, 심리치료사)

이 책은 스스로를 되돌아 보게 한다는 점에서 정말 환상적입니다. 자신의 솔직한 감정을 느낄 수 있게 해 주고, 다른 사람과 대화를 나눔으로써 감정을 적절히 조절할 수 있게 도와줄 것입니다.

감정이란 생리적인 변화, 인식의 변화, 행동의 변화 등을 통해 경험하게 되는 것으로, 태어나면서부터 자연스럽게 느끼는 기분의 상태를 말합니다. 우리가 접하고 있는 주변 환경에 좀 더 적응을 잘할 수 있게 해 주는 것입니다. 감정을 알아 간다는 것은 기분에 이름을 붙이는 것, 사람의 의식을 잡아내는 것입니다. 감정의 이름을 알면 영혼의 상태를 이성적으로 표현하는 데 도움이 될 것입니다.

우리가 스스로의 행복을 창조할 수 있는 능력을 갖추기 위해서는 정신 발달 단계에서 감정에 대한 지혜를 통합하는 학습을 해야만 합니다. 〈42가지 마음의 색깔〉을 토대로 감정을 이해하고, 자신의 감정을 정확하게 소통하고, 이를 다른 사람과 비교해 보는 것은 아이의 교육에 좋은 지침이 될 것입니다.

이 책은 가장 기본적인 교육 보조재로, 아이가 감정에 관한 지혜를 키울 수 있게 해 줄 것입니다. 어떤 상황에서도 스스로를 받아들이고 마음을 내려놓을 수 있게 해 줄, 가장 근본적인 열쇠이자 건강한 정신을 키울 수 있는 토대가 될 것입니다.

3~6세 아이에게 읽어 줄 때

가장 기본적인 감정(포근함, 부끄러움, 미움, 따분함, 행복)을 표현한 그림을 이용하여 시작할 것을 추천합니다. 그림 속의 동물들에게 무슨 일이 일어났는지에 대해 대화를 나눠 보면 어떨까요. 어떤 느낌이 드는지, 그 이유는 무엇인지에 대해서 말입니다. 지금 이야기를 나누고 있는 감정이 내포된 상황 속에서 우리가 살아가고 있다는 것을 설명해 주는 것도 의미가 있을 것입니다.

계속해서 책을 읽어 주는 방법도 있습니다. 이를 통해 아직 경험하지 못한 감정을 배울 수 있으니까요. 당신의 목소리를 통해 아이는 새로운 단어와 친해질 수 있을 것입니다. 뿐만 아니라 어른과 아이 모두 자연스럽게 감정이 대화의 소재가 될 수도 있다는 것을 깨닫게 되면서, 서로 간에 믿음이 쌓이고 친근감을 느끼게 될 것입니다.

아직 모르고 있던 어떤 감정을 경험하게 되었을 때, 이 책에서 그 내용을 찾아 읽어 줄 수도 있습니다. 그러면 아이는 자신이 느낀 것과 들은 것을 비교해 보게 될 것입니다. 이는 마음을 가라앉히는 진정제 효과도 있고, 자신의 감정을 표준화시키는 효과도 있을 것입니다.

7~9세 아이에게 읽어 줄 때

특정 감정을 느꼈던 경험을 아이와 함께 나누어 보십시오. 강한 유대감을 만들어 줄 것입니다. 가족 구성원이 서로를 더 잘 이해할 수 있는 기회도 될 것입니다. 아이는 자기의 부모님도 자기처럼 두려움을 느끼기도 하고 불안을 느끼기도 한다는 것을 알고 놀랄 것입니다. 이는 아이의 공감 능력과 타인의 입장에서 생각해 볼 수 있는 능력을 강화시켜 줄 것입니다.

10~12세 아이에게 읽어 줄 때

이 나이의 아이들은 놀랍고도 신비로운 신체적인 변화와 정신적인 변화를 경험하기 시작합니다. 이 책은 커다란 변화의 시기에 아이들의 든든한 마음 친구가 되어 줄 것입니다. 매일 독서를 통해 자신이 겪은 모든 감정들을 반추해 봄으로써, 스스로 자신의 감정을 생생하게 느낄 수 있도록 도울 것입니다. 그리고 아이에게 '감사 일기장'을 써 보게 하길 추천합니다. 매일의 감정과 기분, 특히 이 시기에 흘러넘쳐 주체하지 못하는 그런 감정들을 잘 기록할 수 있도록 말입니다.

일반적으로 우리는 감정을 표현하기 위해 4~5가지 개념만을 사용합니다. 그렇기 때문에 이 책을 읽는 것은 아이와 어른 모두에게 긍정적인 영향을 줄 것입니다. 아이가 받는 정보의 가장 중요한 원천은 모범, 바로 어른의 행동이니까요. 만일 부모님이 오렌지를 설명할 때 오렌지색과 노란색만 언급하면 아이는 똑같은 식으로 이야기를 할 것입니다. 이러한 사실을 의식한 많은 선생님과 부모님이 〈42가지 마음의 색깔〉을 활용하고 있습니다. 감정과 감정 사이의 색을 풍부하게 만들어서, 아이들이 감정을 표현할 수 있는 수많은 단어를 익힐 수 있게 말입니다.

느낄 수 있다는 것은 특권입니다. 스스로의 감정을 솔직하게 표현할 수 있도록 학습함으로써 사랑하는 사람들에게 보다 쉽게 다가갈 수 있을 것입니다.

포근함

따뜻한 할머니의 품, 보송보송한 털을 가진
새끼 양, 나를 위해 준비된 푹신한 이불…….
포근함은 보드랍고 따듯해서 편안한 기분이야.

우리는 동물이나 사람, 물건, 때로는 따뜻한
겨울 바람에서도 포근함을 느낄 수 있어.

포근함은 정이나 가깝다는 느낌, 그리고 안아
주고 싶은 느낌과 비슷해.

포근함은 어디에 있을까?

포근함은 너의 마음 안에 있단다. 떨고 있는
작은 토끼나 울먹이는 친구를 보면 포근하게
안아 주고 싶어지지.

그리고 포근함은 **사랑**을 불러일으킨단다.

사랑

모든 감정 중에서 가장 강한 게 바로 사랑일 거야.

우리에게 환한 웃음을 안겨 주기도 하고, 폭포 같은 눈물을 흘리게 만들기도 하지.

사랑하면 우린 어떻게 변할까?

– 때로 굉장히 강해져. 사랑하는 엄마, 어리고 약한 동생, 귀여운 강아지를 지키기 위해 우리는 용감해지지.

– 때로 아주 약해져. 네가 사랑하는 친구가 이사를 가거나, 엄마가 널 혼냈을 때 마음이 너무 아파서 눈물이 날 수도 있어.

사랑의 정반대는 **미움**이래.

미움

어떤 사람이 마음에 들지 않고 거슬릴 때가
있지. 그런 마음을 미움이라고 한단다.

놀이터에서 함께 놀던 친구가 내 장난감을
망가뜨렸다면? 아껴 뒀다 먹으려던 간식을
동생이 먹어 버렸다면? 친구도 밉고, 동생도
밉다는 생각이 들 거야.

미움은 얼마나 오래갈까?

어떨 땐 미움이 오랫동안 계속되기도 해.
그렇지만 잠깐 머물다 가는 경우도 있어.

간식을 빼앗겨 속상한 마음에 동생이 밉기도
하지만 곧 용서하고 포근하게 안아 줄 수도 있지.

미움이 행동으로 표현된다면, 아마 그건 **화**일
거야.

화

화는 엄청나게 거칠고 견딜 수 없는 기분이야.

화는 정말로 빠르단다. 네 마음을 순식간에
빼앗아 거칠게 달려 나가지.

억울하다는 생각이 들 때, 마음의 평화가 깨질
때, 네 마음속으로 화가 비집고 들어온단다.

화도 쓸모가 있을까?

우리가 사는 이곳에서는 그렇지 않아.
화는 생각을 못하게 만드는 감정이거든.
너를 동물처럼 행동하게 만들어. 공격을 받은
동물처럼 말이야.

우리는 야생 동물이 아니라 사람과 함께 살기
때문에, 지혜롭지 못한 반응은 나쁜 일을 더
나쁘게 만들 거야.

짜증이 나는 순간을 잘 넘기지 못하면 때로
화가 된단다.

짜증

이 세상은 색깔, 냄새, 소리 같은 것들로 가득
차 있어. 어떤 것은 우리에게 포근함을 느끼게
하고, 어떤 것은 사랑스러움을 느끼게 하지.

반대로 좋은 감정을 빼앗아 가는 것도 있단다.
우리를 짜증나게 하는 것들이 있어.
괴롭히기도 하고, 마음속 깊이 들어와 나쁜
생각에서 벗어나지 못하게 만들지.

고양이의 울음소리가 너를 미소 짓게 할 수도
있지만, 하루 종일 계속해서 울고 있다면
어떨까?

짜증이 나면 어떤 일들이 생길까?

기분 좋게 웃을 수 없을 거야.

하기 싫은 것을 계속 해야 하거나, 더 듣고 싶지
않은 소리를 계속 들어야 할 때 너는 짜증이 날
거야. 네가 더는 참을 수 없다고 느끼기 시작할
때부터 말이야.

짜증이 계속되면 우리도 모르는 사이에
긴장하게 되지.

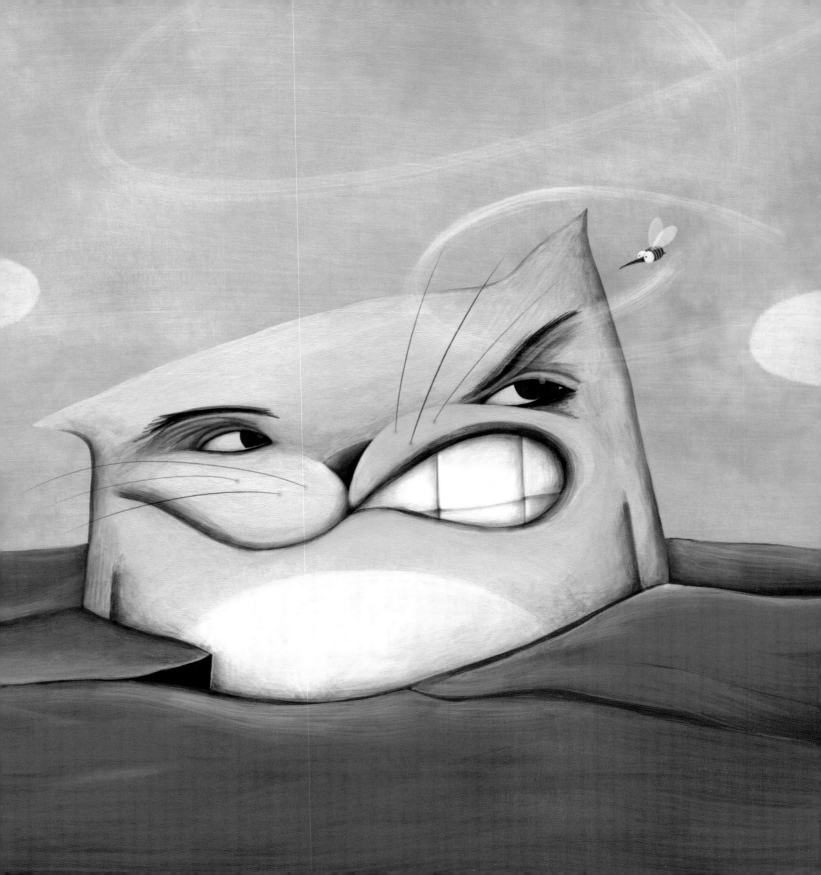

긴장

사람들은 이걸 스트레스라고 부르기도 해.
긴장은 우리가 원하지 않는 일을 해야 할 때
생기는 감정이야. 세 가지 예를 들어 볼까?

– 새로운 학교에, 새로운 동네에 가게 된 순간.

– 나의 두 친구가 내 앞에서 말다툼을 하고
  있을 때.

– 선생님이 내가 모르는 것을 물어보셨을 때.

긴장이 되면 어떤 일이 일어날까?

마음이 조마조마하고 몸이 편하지 않단다.

그럴 때는 네가 믿고 사랑하는 사람에게 널
긴장하게 만든 것에 대해 이야기해 봐.
마음이 조금 누그러지면서 **안심**이 될 거야.

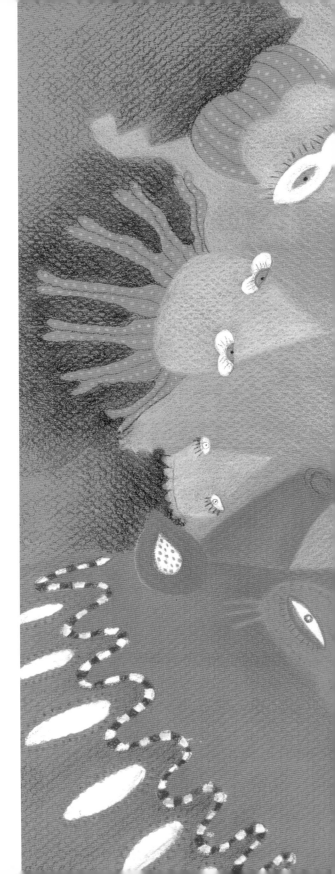

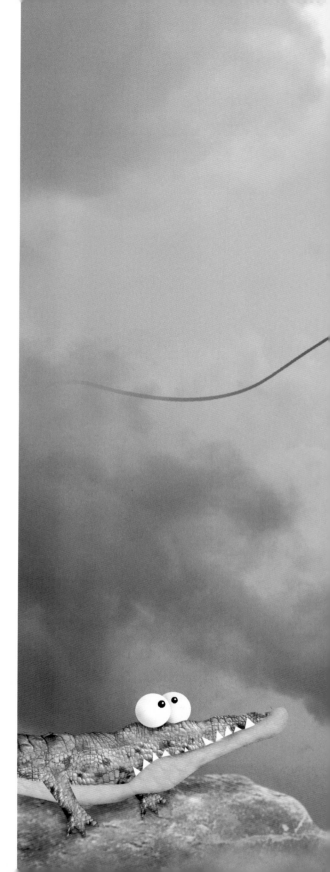

안심

긴장되는 상황에서 벗어났을 때, 더는
위험하다는 생각이 들지 않을 때 안심이 된단다.

무서운 사람에게서 벗어났을 때,
시험이 끝났을 때, 길을 헤매다 집에 돌아와
엄마를 만났을 때처럼 말이야.

안심이 되면 어떻게 될까?

모든 걱정이 사라질 거야. 나도 모르게 온몸에
주고 있던 힘이 빠지고, 다시 웃을 수 있게 될
거야.

어려운 문제가 해결되면 마음이 잔잔한 호수처럼
변한단다. 덕분에 우리는 마음이 **차분**해지는
것을 느낄 수 있지.

차분함

차분함은 마음이 잔잔해져서 모든 것이
어울리게 되는 거야.

차분한 사람은 조용하고 부드럽지. 물건을
달라고 할 때도 언제나 친절하고 상냥하게
부탁한단다.

차분함은 정신을 맑게 해 줄까?

물론이야. 눈을 통해 볼 수 있어. 차분함은
특별한 눈빛을 갖게 해 주거든. 네 마음 가장
깊숙한 곳에서부터 너의 눈까지 맑은 느낌이
차오른단다.

지금 네 주변에서 일어나고 있는 일들을
또렷하게 볼 수 있게 해 주고, 별것 아닌 일에
화를 내지 않도록 도와줄 거야.

신기하게도 차분함은 노력하면 더 많이 얻을 수
있는 거야. 더 열심히 연습하면 행복도 키울 수
있단다.

행복

행복을 느끼는 순간은 사람마다 다르단다.

자신의 삶에서 충분한 만족과 기쁨을 느낄 때, 또 가장 좋은 기분을 느낄 때 우리는 행복하다고 말하지.

무엇이 너를 행복하게 해 줄까?

아름다운 꿈을 꾸며 잠잘 때, 엄마 품에 폭 안겨 있을 때, 어려운 문제를 혼자 힘으로 풀어냈을 때, 시원한 바람을 느끼며 산책할 때⋯⋯. 너를 행복하게 해 줄 수 있는 것들은 정말 많아.

작은 **기쁨**이 모여서 행복이 되기도 한단다.

기쁨

기쁨은 신나는 일들 때문에 생겨.
정말 좋은 기분이지.

아빠에게 칭찬을 받았을 때, 맛있는 간식을
먹었을 때, 네가 꼭 가지고 싶던 장난감을 갖게
되었을 때……. 우리는 하루에도 셀 수 없을
만큼 많은 기쁨을 만날 수 있어.

기쁜 순간에는 어떤 일들이 일어날까?

힘이 샘솟고, 뭐든지 할 수 있다는 생각이
들 거야. 허공을 향해 뛰어오르고 싶어지고,
박수를 치고 싶어지기도 할 거야.

기쁨의 반대는 슬픔이지.

슬픔

슬픔은 우리의 몸과 마음에서 힘이 쭉 빠져
나가는 것이란다.

슬퍼지면 먹기도 싫고, 기운도 없고,
하고 싶은 것도 없어져 버려. 사는 것이
재미없다고 느껴져.

슬픔은 세상의 반짝거림을 빼앗아 가고, 세상에
회색 옷을 입힌단다.

무엇이 슬픔을 만들까?

마음이 아플 때, 중요한 뭔가를 잃어버렸을 때
슬픔을 느껴.

다른 도시로 이사를 가야 한다고 생각해 보렴.
새로운 세계가 너를 호기심 가득한 아이로
만들 수도 있지만, 남겨둔 채 떠나야 하는
친구들을 생각하면 분명 슬퍼질 거야.

슬픔은 **측은함**과도 닮았단다.

측은함

측은함이란 다른 사람의 불행을 보았을 때 느껴지는 슬픔과 괴로움이야.

이런 기분을 동정심이라고 부르는 사람도 있단다.

측은하다는 감정은 우릴 어떻게 만들까?

불쌍한 사람을 보면 돕고 싶어져. 가족일 수도 있고, 모르는 사람일 수도 있지만 말이야. 가족을 잃은 여우처럼 책에 등장하는 주인공일 수도 있어. 그들이 느끼는 슬픔을 조금이라도 덜어 주고 싶고, 포근하게 안아 주고 싶지.

사랑하는 사람에게 슬픈 일이 생겼는데, 네가 돕지 않는다면 나중에 **후회**하게 될 거야.

후회

사람들은 이 단어를 자책과 섞어 쓰기도 해.

후회는 자신이 한 어떤 행동이나 이미 지나간
일에 대해 느끼는 싫은 감정이야.
좋은 행동이거나 나쁜 행동이거나 상관은 없어.
만약 다시 똑같은 상황이 온다면 다르게
행동하고 싶다고 느끼는 거지.

자책은 후회하면서 스스로를 탓하기까지 하는
거야. '내가 그때 왜 그랬을까? 내가 정말
잘못했구나.'라고 생각하게 되지.

자책감은 어떻게 너를 뉘우치게 만들까?

단순하지만 효과적인 방법을 사용할 거야.
네가 저지른 나쁜 행동을 결코 잊지 않게 만들기
위해, 이런 저런 방법으로 너를 기분 나쁘고
긴장되게 만들 거야.

네 잘못을 깨닫게 하고 **뉘우침**을 불러일으키기
위해서 말이지.

뉘우침

뉘우침은 우리가 뭔가 나쁜 일을 했다고 생각할
때 드는 감정이란다.

내가 한 행동과 말이 다른 사람을 슬프게
하거나 화나게 했을 때, 우리는 잘못을
뉘우치게 되지.

네 마음이 외치는 소리를 들어본 적 있니?

잘못이라는 것을 알면서도 그런 행동을 했을 때,
내가 실수를 했구나 하고 깨달았을 때, 마음속
양심이 너에게 말을 걸어올 거야.

그 목소리에 귀를 기울여 보렴. 네가 올바른
행동을 했는지 다시 생각하게 될 거야.

뉘우침은 우리가 한 행동에 대해서는 스스로
책임을 져야 한다는 사실을 알려 주지.

실수를 했다는 생각이 들면 우리는 **부끄러움**을
느끼게 돼.

부끄러움

부끄러움은 갑자기 나타나지.

실수를 하거나 사람들이 너를 비웃을 거라는
생각이 드는 바로 그 순간, 부끄러움이
찾아온단다.

부끄러움은 생각이 깊은 편일까?

그렇지 않아. 부끄러움은 네가 실수를
깨달았다고 다른 사람에게 고자질하는 나쁜
버릇이 있단다. 네 얼굴을 홍당무처럼 빨갛게
만들어 버리지.

부끄러워하고 있다는 것을 다른 사람에게
들킨다면, 너는 아마 **불안**해질 거야.

불안

불안은 믿는 마음이 부족해서 생기는 거야.
스스로에 대한 믿음이나 다른 사람에 대한
믿음이 부족할 때 말이야.

네가 배를 타고 바다로 나아가고 있는데, 집채만
한 파도가 덮쳐 오고 있다고 상상해 보렴.

'물에 빠지면 어떻게 하지? 나는 수영을 못
하는데.'

'선장님이 저 파도를 이길 수 있을까?'

믿지 못하는 마음이 불안을 만들어 낸단다.

불안해지면 어떤 일이 벌어질까?

불안함을 느끼면 어떤 행동도 제대로 할 수
없게 돼. 모르는 길을 걸어갈 때면 우리의
발걸음이 점점 느려지는 것처럼.

불안 때문에 우리는 가끔 **소심**하게 행동한단다.

소심함

소심함은 우리가 자연스럽게 행동하는 것을
방해한단다.

낯선 사람, 믿음이 가지 않는 사람, 또는
무섭다는 생각이 드는 사람 앞에 섰을 때,
우리의 마음을 온통 다 차지해 버리는 감정이야.

소심해지면 어떻게 행동할까?

소심해지면 지금 상황이 불편하고, 뭘 해야 할지
모르겠다는 느낌이 들어.

그래서 지나치게 조심하다가 실수를 하게 되기도
하지. 입을 꼭 닫아 버리거나, 어디론가 숨어
버리고 싶어질 거야.

전혀 모르는 사람의 집에서 하룻밤을 보내고
있다고 상상해 보렴. 그들이 너에게 친절하게
대해 주어도, 너는 입을 굳게 닫고 한쪽 구석에
놓인 소파에 앉아 밤을 꼬박 샐지도 몰라.

우리 집처럼 편하지 않아서 불안해하다가
당황하게 될 거야.

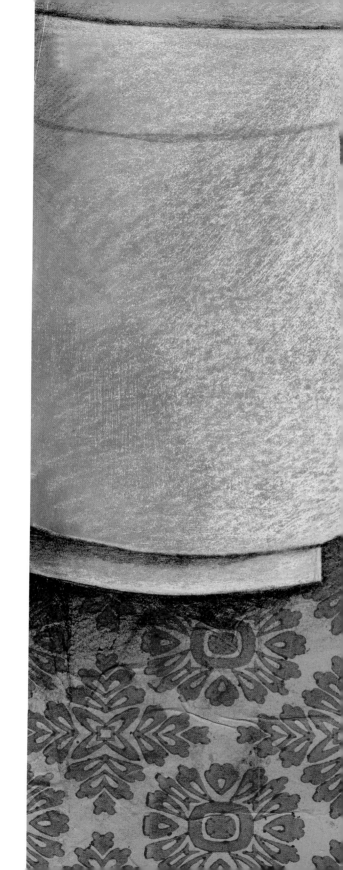

당황

당황은 여러 가지 감정이 어지럽게 뒤섞여
있는 거야.

네가 기르는 강아지가 네가 가장 좋아하는
장난감에 오줌을 쌌다고 상상해 보렴.
화도 나겠지만 한편으론 다정하게 안아 주고
싶다는 생각도 들지 않을까?

우리는 복잡하고 이해하기 어려운 상황에
부딪히면, 당황하게 된단다.

강아지에게 화를 낼까, 아니면 포근하게 안아
줄까? 미워해야 할까, 아니면 슬퍼해야 할까?
이건 무슨 기분일까?

당황했다는 것을 어떻게 알지?

당황하게 되면 너에게 무슨 일이 일어났는지
분명하게 알 수 없을 거야.

당황이라는 감정 속에 무엇이 뒤섞여 있는지
알아보기 위해서는 차분하게 행동하고, 마음을
편하게 만들어야 한단다.

당황하게 되면 앞으로 무슨 일이 일어날지
모르기 때문에 **두려움**으로 이어지기도 해.

두려움

무언가 무섭고 불안한 마음이야.

한밤중에 잠에서 깼는데, 혼자 있다는 사실을
깨달으면 두려운 마음이 들지.

그럴 때 우린 무작정 엄마 방으로 달려가곤 해.
엄마 품에 폭 안기면 안심이 되니까.

두려움을 느끼면 어떤 일이 벌어질까?

좀 더 잘 보려고 눈이 둥그레진단다. 심장이
두근두근 빨리 뛰기도 하지.

두려움을 느끼는 상황을 이해하고, 도망갈
준비를 하기 위해서야.

모르는 것에 대해서는 두려움을 느낄 수 있단다.
한편으론 **놀랍다**는 생각도 들 거야.

놀람

놀람은 순진한 마음과 호기심에서 생긴단다. 우리가 불가능하다고 생각했던 일이 실제로 일어났을 때 느끼는 기분이지.

한 번도 본 적 없는 걸 보았을 때, 마법 같은 일이 생겼을 때, 정말 아름다운 풍경을 보았을 때 우린 깜짝 놀라게 돼.

놀람은 어떻게 변할까?

놀람은 기분 좋은 두근거림을 주기도 하고, 감동을 주기도 하지만 때론 아주 싫은 감정으로 이어지기도 한단다.

엄마의 깜짝 생일 선물을 받으면 기분 좋은 놀람을 느끼게 되지. 하지만 절대 일어나지 말아야 할 일이 일어나면 어떨까? 믿고 싶지 않다는 생각은 **역겹다**는 감정으로 변할 수도 있어.

역겨움

역겹다는 것은 뭔가가 아주 끔찍하게 싫다는 생각이 들 때 생기는 감정이란다.

우리 모두 똑같은 것에 대해 역겨움을 느낄까?

사람은 누구나 역겹다는 감정을 느껴. 하지만 무엇에 그런 감정을 느끼는지는 각자의 문화나 장소에 따라 다르단다.

다른 나라에서 자란 사람이 너를 식사에 초대했다고 상상해 보렴. 자신의 기쁜 마음을 드러내기 위해 가장 좋아하는 음식을 내놓을 거야. 그런데 그것이 만약 곤충 샐러드라면?

네가 역겨운 표정을 지으면 그들은 반감을 드러낼 수도 있어.

반감

누군가 나를 반대할 때나 내가 원하는 것에
반대할 때, 반감을 느낀단다.

네가 오늘은 정말 공원에 나가 놀고 싶다고
했는데, 부모님이 허락하지 않으면 어떨까?

우리는 반감을 느낄수록 청개구리처럼 더
반대쪽으로 가고 싶다는 생각이 들지.

누군가 하얗다고 하면 나는 검다고 말하고
싶어지고, 파인애플이 좋다고 하면 나는 싫다고
하고 싶어져.

반감이 생기면 우리는 어떤 행동을 할까?

반감은 다른 사람의 생각을 받아들이지 않게
만든단다. 그 사람을 불편하게 만들고 싶고,
공격하고 싶고, 귀찮게 하고 싶어지지.

누군가를 적으로 대하지 않고 친구가 되기 위해
노력할 때, **너그러움**을 키울 수 있단다.

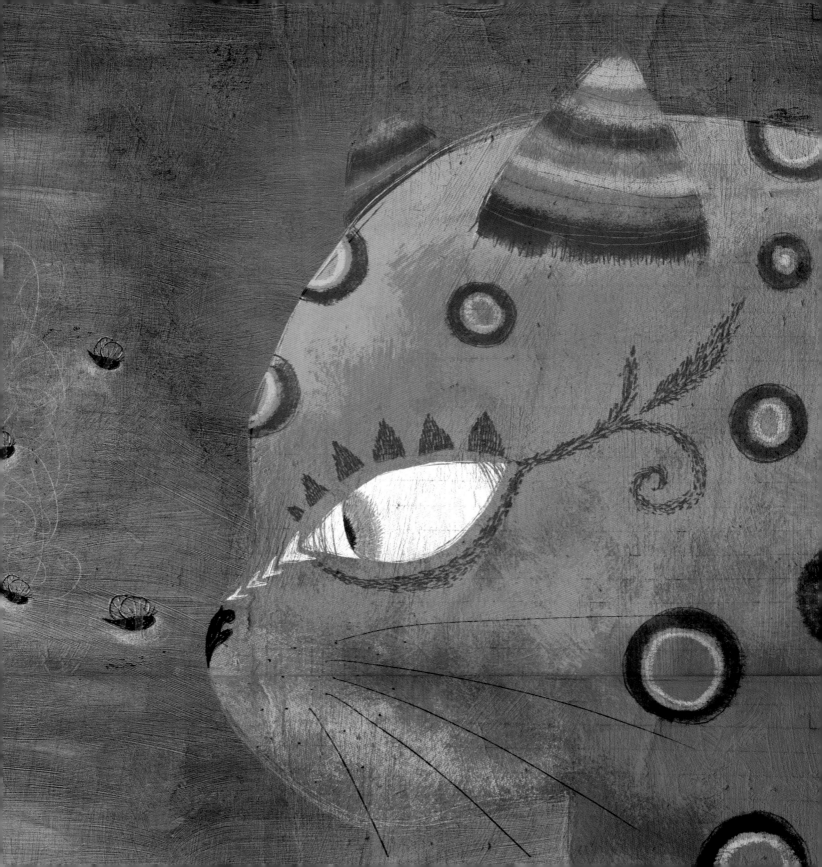

너그러움

마음이 넓고 속이 깊은 사람은 자신과 다른 것도 잘 받아들인단다. 다정하지 않은 말투와 미운 행동까지 말이야.

어떤 사람이 너를 좋아할 때, 너는 그 사람을 쉽게 받아들일 수 있지.

네가 다른 사람의 행동이나 능력을 인정해 줄 때, 그 사람도 너를 쉽게 받아들일 수 있어.

너그러운 행동에는 어떤 것들이 있을까?

박수와 따뜻한 말 한 마디, 미소와 포옹, 그리고 고마움을 보여 주기 위한 행동들일 거야.

너그러운 마음이 부족하면, 사람들을 **이해하기 어렵단다.**

몰이해

몰이해란 다른 사람을 이해하려는 마음이
부족할 때 생긴단다.

너에게 일어난 일이나 네가 생각하고 있는 것을
열심히 설명해도 다른 사람이 이해하지 못하는
경우가 있어. 그 사람의 생각엔 네가 한 일이
맞지 않다고 느끼기 때문이란다.

그렇지만 걱정할 필요는 없어. 레오나르도
다빈치 같은 천재들을 생각해 보렴.
이런 천재들은 자기를 이해하지 못하는
많은 사람들과 맞서 싸워야만 했단다.
그들의 생각은 그들이 살았던 시대와 잘 맞지
않는 것이었거든.

몰이해는 어디에서 생길까?

몰이해는 너와 다른 사람들이 세상을 바라보는
방식이 다를 때 생긴단다. 이것은 반감과
외롭다는 생각을 한꺼번에 안겨 주지.

외로움

네가 혼자 있을 때, 다른 사람의 도움을 받을 수 없을 때 외로움이 밀려올 거야.

친구들이 너를 이해해 주지 않을 때, 혹은 너를 버렸다는 생각이 들 때 이런 감정이 찾아온단다. 어쩌면 울고 싶어질 수도 있어.

혼자 있으면 항상 외로울까?

가끔은 혼자라서 좋을 때도 있어. 가만히 혼자 생각할 것이 있거나, 다른 사람이 너를 괴롭히는 것을 원하지 않을 때는 말이야.

그렇지만 네가 도움을 청했을 때, 너를 위해 달려오는 사람이 단 한 사람도 없다면 어떨까?

네 주변에 사람이 정말 많은데도 혼자라고 느낀다면 **고독**하다는 생각이 들 거야.

고독

고독은 세상에 오직 나 하나밖에 없다는
느낌이란다. 네가 위로가 필요할 때, 너를 안아
줄 사람이 없고 이야기를 나눌 사람도 없다면
고독하다는 생각이 들 거야.

**많은 사람과 함께 있는데도 고독하다는
생각이 들까?**

물론이야. 네 주위 사람과 터놓고 이야기할 수
없을 때, 사람들이 너에게 관심을 주지 않을
때는 말이야.

네 친구들이 너는 아직 못 본 영화에 대해
열심히 이야기하고 있다고 상상해 보렴. 대화에
낄 수 없다면 혼자라는 생각이 들지 않을까?

고독을 이기기 위해선 다른 사람과 이야기를
나누는 것이 정말 중요해.

네가 혼자가 아니었던 순간을 떠올릴 때면,
그리움이 뭔지 느낄 수 있을 거야.

60

그리움

그리움은 마음 한켠이 텅 빈 듯한 느낌이야.
그리고 텅 빈 그 공간이 '보고 싶다'는 마음으로
가득 채워지지.

그리움을 느끼는 순간에는 누군가, 또는
뭔가가 나에게서 멀어져 갔다는 생각을 하게
된단다. 친구일 수도 있고, 가족일 수도 있고,
장소나 장난감일 수도 있지. 그 순간 그것이
내 곁에 없다는 사실이 마음을 아프게 해.

그리움이란 어떻게 생겼을까?

예전에 만났거나, 보았거나, 했던 뭔가를 기억해
냈을 때 슬픔을 느낀다면 그게 바로 그리움이야.

지금은 만날 수 없고, 볼 수 없고, 할 수 없는
무언가를 떠올렸을 때 말이야.

그리움이 네 삶의 일부분이 된다면 우울한
기분에 사로잡히고 말 거야.

우울함

계속 걱정만 하게 되고 답답하고 기운이 없을 때 우린 우울하다고 말해.

우울해지면 우리가 살고 싶은 세상이 너무 멀리 있어서 다가갈 수 없다는 생각이 들지. 신난다는 기분은 전혀 들지 않는단다.

우리는 언제 우울해질까?

삶에 변화가 생겼을 때 우울해질 수 있어.

즐겁고 행복했던 시간이 이제 곧 끝날 거라는 사실을 알게 될 때, 모든 것을 포기하고 슬픔을 받아들여야만 할 때 말이야. 예를 들어 일요일 오후가 저물어 갈 때 우리는 정말 우울해지지.

아무것도 하지 않고 자신의 우울을 넘실넘실 타고 다니다 보면 가끔씩 다른 기분을 느낄 수 있단다.

하지만 기쁨도 슬픔도 모두 사라져 버리면 **따분함**이 밀려올 거야.

따분함

따분함은 지겨움이나 싫증일 수도 있어.

따분함은 우리가 아무것도 하지 않고 있을 때,
또는 별로 달갑지 않은 일을 하고 있을 때
생기는 지루함과 피곤함이 섞인 감정이기도 해.

따분함과 시간 사이엔 어떤 관계가 있을까?

따분함에 빠져 있으면 시간이 마치 기어가는
것처럼 느껴진단다. 기이이-일게 늘어지지.

따분함을 이기는 방법은 우리에게 뭔가 **희망**을
품을 수 있게 해주는 것들을 가지고 노는 거야.

희망

희망은 미래에 대한 기대와 바람이야.

희망을 가지고 사는 사람은 더 잘 웃고,
더 많은 도전을 하게 된단다. 침울하게 땅만
보고 걷기보다는 밝은 얼굴로 하늘을
쳐다보게 되지.

희망은 어떤 모습일까?

우리는 거의 모든 것에 희망을 가질 수 있어.
귀여운 동생이 생기길 바라고, 멋진 생일 파티를
열고 싶고, 친구들과 신나게 놀고 싶은 희망
말이야. 희망은 우리가 더 활기차게 살 수 있게
해 주지.

희망을 가지면 **열정**을 느낄 수 있단다.

열정

열정은 우리 안에 잠들어 있는 무언가가 깨어나는 거야. 뭐든지 다 할 수 있을 것 같은 느낌이 들지.

열정은 어떤 소리를 낼까?

열정은 음악과 같은 멋진 소리를 낸단다. 네 가슴이 독특한 리듬을 타며 두근거리기 시작할 거야.

네 몸 안에서 들려오는 열정의 노래를 들어 보렴. 열정의 리듬은 너의 가슴에서부터 시작해 점점 더 강해지면서, 팔을 향해 올라갔다가 다리로 내려가기도 하지.

열정이 들려주는 음악에 휩싸이면 넌 **신나게** 춤을 추게 될지도 몰라.

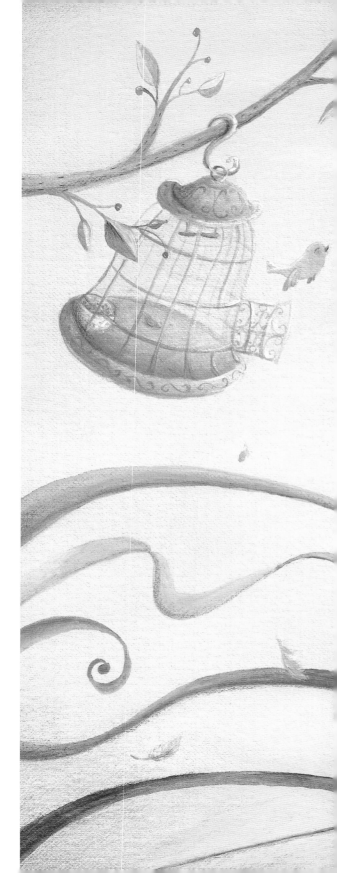

신남

신이 나면 긍정적인 생각과 힘이 흘러넘친단다.
친구와 춤을 추면서 밤을 새울 수도 있지.

어떤 일이 정말 재밌어 보여서 막 해보고
싶었던 적 있니? 넓은 운동장을 보고
뛰어다니고 싶은 기분이 들거나, 처음 배운
한글로 여러 가지를 읽을 수 있게 되었을 때처럼
말이야.

신나면 어떻게 될까?

세상이 더 재밌어 보이고, 어떤 도전도 이겨낼
수 있다는 생각이 든단다. 어마어마하게 기분이
좋아지고 그런 기분을 표현하고 싶어지기도 해.

온몸에서 기운이 빠져나가는 포기와는 정반대
기분이야.

포기

해야 할 일이 있는데, 내가 가진 힘이
부족하다는 생각이 들 때 포기하고 싶어진단다.
피곤하고, 양 손에 들고 있는 것이 너무
무겁게만 느껴질 때 말이야.

숲에 있다가 집에 돌아가고 싶어졌다는 상상을
해 보렴. 길을 찾아 나섰는데 그 길이 집으로
가는 길이 아니었다면 어떤 생각이 들까?

원래 있던 곳으로 돌아가서 다른 길을 찾아야
할 거야. 그런데 또 길을 잘못 들었다면?

이런 일이 두세 번 반복된다고 생각해봐. 힘이
빠지고, 아무것도 하기 싫다는 생각이 들지
않을까? 바로 이런 기분을 말해.

포기하고 싶어지면 어떤 일이 일어날까?

그러면 우리의 목표가 저만치 달아나 버린단다.

포기하고 싶어져서 무릎을 꿇게 되면 **실망**이
우리를 찾아오지.

실망

네가 믿었던 게 사실이 아니라는 걸 알게
되었을 때 느껴지는 쓰라린 아픔이란다.

네가 누군가에게, 또는 무엇인가에 걸었던
기대가 무너져 버렸을 때 느낄 수 있는 감정이야.

절대로 실망하지 않고 살 수 있을까?

네가 모든 것을 다 알고 있을 때만 가능해.
세상 모든 것을 말이야. 매일 아침 엄마가 몇
번이나 웃을까부터 우주의 정확한 크기까지
말이지.

실망은 우리가 원했던 것이 이루어지지 않거나,
생각처럼 잘 되지 않을 때 생기는 감정이거든.

그렇다고 풀이 죽을 필요는 없어. 그런 경험을
통해 우리는 뭔가를 배울 수 있으니까.

너도 잘 알고 있듯이, 한 번도 실망하지
않고 산다는 것은 불가능해. 그러니까 조금
실망했다고 해서 **좌절**하진 마.

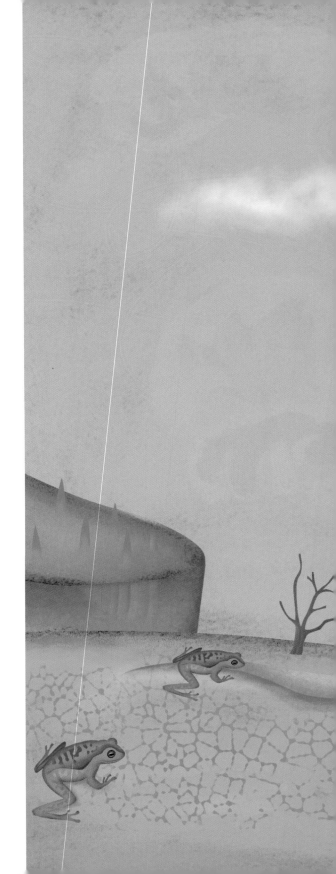

좌절

네가 결심했던 것을, 아니면 바라던 것을
이루지 못했을 때 생기는 감정이란다.
열정이 사라지고 기운이 없어지지.

무엇이 우리에게 좌절감을 안겨 줄까?

– 우리 힘으로는 어쩔 수 없는 일들. 예를 들어
   나이가 어려서 놀이기구를 타지 못할 때,
   갑자기 비가 와서 소풍이 취소되었을 때.

– 열심히 노력했지만 계획대로 되지 않는 일들.
   예를 들어 연극 공연의 주인공이 되기 위해
   많은 연습을 했지만 주인공으로 뽑히지
   않았을 때.

이런 경우에도 좌절하지 않고 다른 즐거움을
찾아 나서는 사람이 있단다. 그런 사람이야 말로
우리의 **감탄**을 불러일으키지.

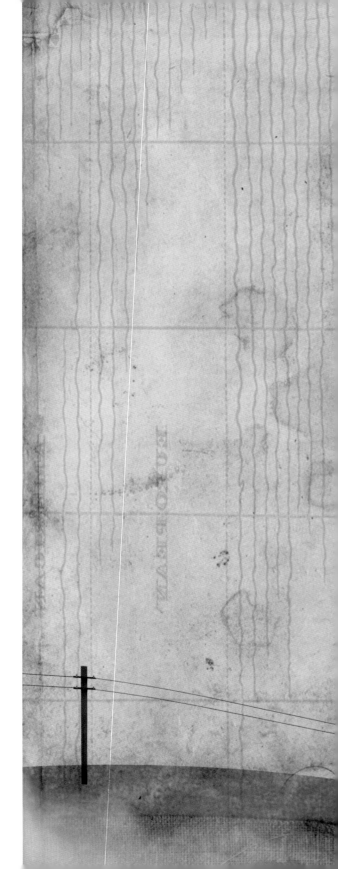

감탄

감탄이란 엄청난 능력을 가진 사람이나 평범함을 벗어난 뭔가에 대한 우리의 존경과 같은 느낌이야. 예를 들어 볼까?

– 자기 자신을 이기기 위해 열심히 노력하는 운동선수.

– 아무도 가 보지 못한 밀림을 탐험하려는 모험가.

– 그림을 정말 잘 그리는 친구.

모든 사람에게 감탄할만한 점이 있을까?

그럼, 물론이지. 그렇지만 그 능력을 발견할 수 있어야 해.

어떤 사람은 특별한 능력을 가지고 있지. 나는 할 수 없는 특별한 무언가 말이야. 그런 사람을 보면 우리는 감탄을 하게 되지.

감탄은 누군가가 대단히 훌륭하고 멋지다는 평가에서 나오는 거란다. 그렇지만 때론 내가 할 수 없는 일이라는 사실을 인정하기 싫어서 다른 사람을 제대로 평가하지 못하기도 해. 바로 그 순간 **샘**이 모습을 드러내는 거야.

샘

어떤 사람은 샘과 질투가 똑같은 것이라고
말해. 그렇진 않아. 두 가지 감정이 손을 맞잡고
다니며 서로를 부추기기도 하지만 말이야.

샘과 질투는 어떤 차이가 있을까?

샘은 다른 사람의 물건을 탐내거나, 나보다
멋지다고 생각되는 사람을 미워하는
마음이란다.

샘이 커지면 질투가 되지. 질투는 남을 미워하는
마음을 넘어서 깎아내리려고 한단다. 질투는
너의 기쁨을 갉아 먹어. 네가 잘되는 것엔
관심이 없고, 다른 사람이 못되는 것에만
관심이 있지.

두 가지 감정 모두 다른 사람이 가진 것과
자신을 비교할 때 생기는 감정이야. 너의 **바람**을
이루지 못 할 때 괜히 남과 비교하며 느끼는
감정이지.

바람

바람은 어떤 일이 이루어지기를 기다리는
간절한 마음이란다. 우리가 가지고 있지 않은
것을 원하고, 결국 찾아 나서게 하지.

사람들은 정말 많은 바람을 가지고 살아간단다.
좀 더 컸으면 하는 바람, 수영을 배우고 싶다는
바람, 할아버지 할머니와 함께 있고 싶은 바람,
소방관이 되고 싶다는 바람······.

모든 바람은 똑같은 것일까?

아주 강하고, 깊은 바람이 있어. 의사가 되고
싶으면 오랫동안 공부를 해야 하고, 국가 대표가
되기 위해선 몇 년씩 꾸준히 연습해야 돼.

하지만 순간순간 변하는 것도 있단다. 금세
날아가 버리는 것도 있지. 어느 날 밤엔
케이크가 먹고 싶고, 또 다른 날 밤엔 수박이
먹고 싶어지는 것처럼 말이야.

바람을 다 채우면 **만족**스러운 기분이 든단다.

만족

우리에게 필요한 것을 다 채우고 나면
만족스럽다는 생각이 들어.

필요한 것이 물건일 수도 있고, 감정일 수도
있어. 배고픔을 채우기 위해 음식을 먹고,
즐거움을 위해 그림을 그리는 것처럼 말이야.

식사를 하거나 그림을 다 그리고 나면 너는
만족스러움을 느끼게 될 거야.

만족은 믿음을 키워 줄까?

그럼! 너는 너 자신을 더 믿게 될 거야. 특히
너의 능력이나 행동이 만족감을 느끼게 해
주었을 때, 두 배쯤 더 큰 만족감을 느낄 거야.
예를 들어 네가 키운 토마토로 배불리 먹었을 때
말이야.

시합에서 졌지만 만족할 수도 있단다.
이번 결과가 지난 번 결과보다 좋아졌다면,
경기에는 졌어도 이미 많은 것을 이루었기
때문에 만족할 수 있는 거란다.

만족하게 되면 때로 **자랑**하고 싶어질 거야.

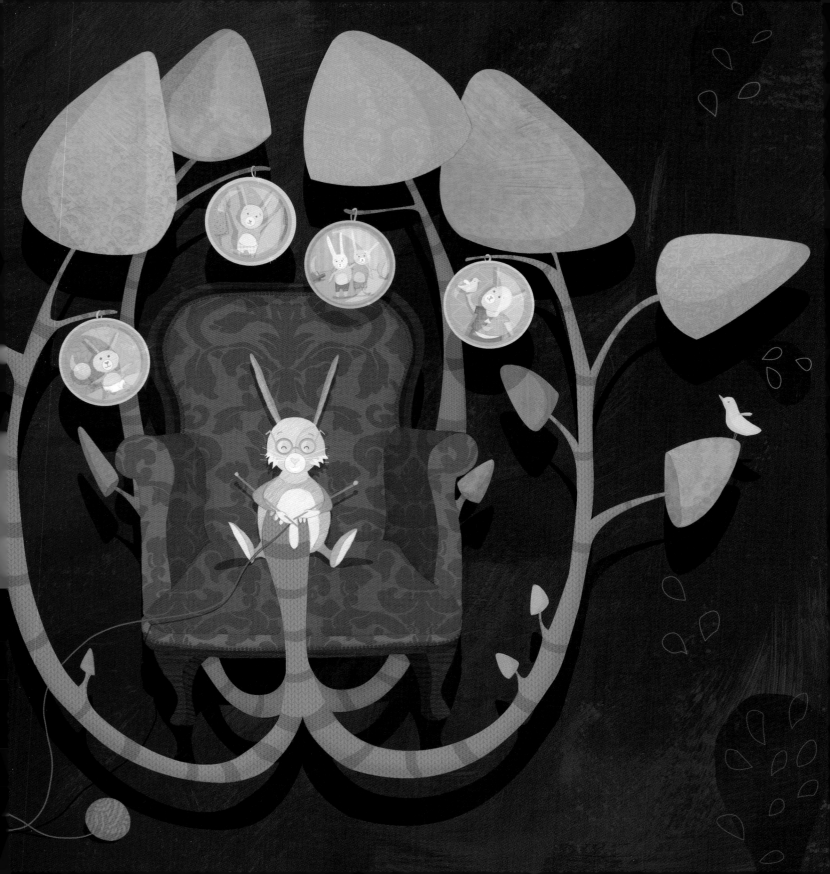

자랑

자랑은 뭔가에 대한 아주 높은 평가란다. 네가
사랑하는 사람에 대한, 아니면 네 자신에 대한
좋은 평가 말이야.

스스로에게 느끼는 자랑스러움은 너에게
다양한 도전을 할 수 있는 용기를 줄 거야.
하지만 심해지면 때론 독이 되기도 한단다.

자랑에는 어떤 종류가 있을까?

– 이기적인 자랑: 내가 주인공이 되고 싶다는,
  나만 칭찬받고 싶다는 생각에 집중하게 되는
  거야. 잘난 체를 하거나, 남을 무시하는 예의
  없는 행동을 하게 되지.

– 바람직한 자랑: 스스로가 훌륭해지기 위해
  노력하는 거야. 다른 사람에게도 떳떳하게
  말할 수 있는 좋은 일을 많이 하게 되지.
  네가 자신의 능력을 발견할 수 있게 그리고
  평가할 수 있게 도와주고, 도전에도 당당히
  맞설 수 있게 도와준단다.

너 자신을 이겨 내는 것이 커다란 **즐거움**을
느끼게 해 줄 거야.

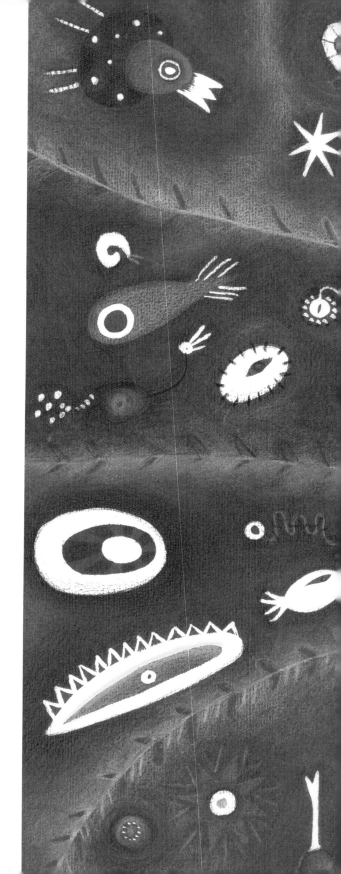

즐거움

즐거움은 마음에 들지 않거나 나쁜 기분 없이
만족스럽고 기쁜 감정이야.

다양한 것에서 즐거움을 찾을 수 있단다.
다른 세계를 꿈꿀 때, 아름다운 것을 바라볼
때, 어려운 문제를 풀었을 때, 친구와 놀 때,
사랑받고 있다는 느낌이 들 때……

즐거움을 느끼기 위해선 어떻게 해야 할까?

즐거움을 느끼기 위해선 집중해야 한단다.
네 앞에 과일 주스가 놓여 있다고 상상해 보렴.
그냥 단숨에 마셔 버릴 수도 있지. 하지만
그 맛에 집중하며 천천히 마실 수도 있단다.
그럴 때 주스는 너에게 더 큰 즐거움을 줄 거야.

즐거움으로 가득 찬 삶을 살 수 있다면 얼마나
감사할까.

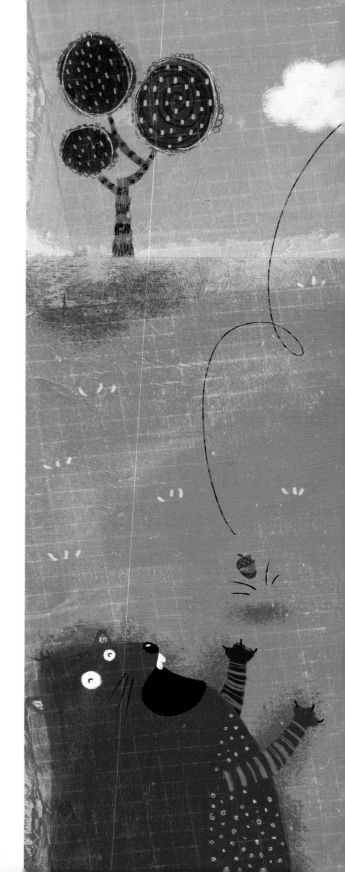

감사

감사는 다른 사람이 선물해 준 기쁨에 대해 느끼는 감정이란다. 친구의 웃음에서, 노래에서, 엄마의 사랑에서 네가 받은 기쁨을 찾아낼 수 있다면, 감사하는 마음이 점점 커질 거야.

감사하는 마음은 삶을 더 즐겁게 살 수 있도록 도와주지. 행복으로 가는 문이란다.

내가 열 살 때, 할머니께서 나에게 감사 일기장을 주시며 귀에 대고 이렇게 속삭이셨어.

"나도 똑같은 것을 가지고 있단다. 나는 매일 밤 여기에 감사하다는 생각이 드는 것을 적어 놓지. 그리고 일기장을 베개 밑에 넣어 두면 정말 놀라운 일이 벌어지곤 해. 일기장에 써 놓은 일들이 내 꿈속으로 들어와 행복의 궁전을 만들어 주는 거야. 그 행복감은 다음 날까지도 나와 함께 있어 주지."

오늘 우리가 깨달은 것은 무엇일까?

- 이 책에 마술을 펼쳐 놓은 사람들에게 감사해야 한다는 것.

- 이 책을 너에게 선물한 사람에게 감사해야 한다는 것.

- 특히 네 **감정**들에게 감사해야 한다는 것.

우린 날갯짓으로 어디까지 나아갈 수 있을까?

새들의 날개엔 깃털이 있지. 사람들에겐 단어가 바로 날개란다.
그렇지만 모든 단어가 너를 하늘로 날게 해 주진 않아.
네가 어떤 기분인지 똑바로 이야기할 때,
너는 더 높이 날아오를 수 있게 될 거야.
이 책은 아주 특별한 날갯짓을 할 수 있도록 너를 도와줄
거야. 그리고 아마 너는 이미 날개를 펴고 날아가고 싶다는
생각이 들었는지도 몰라.